복사꽃 먹는 오후

복사꽃 먹는 오후

2021년 7월 1일 초판 1쇄 인쇄
2021년 7월 15일 초판 1쇄 발행

지은이 | 임성구
펴낸이 | 孫貞順

펴낸곳 | 도서출판 작가
　　　　(03756) 서울 서대문구 북아현로6길 50
　　　　전화 | 02)365-8111~2 팩스 | 02)365-8110
　　　　이메일 | morebook@naver.com
　　　　홈페이지 | www.morebook.co.kr
　　　　등록번호 | 제13-630호(2000. 2. 9.)

편집 | 손희 박영민 양진호
디자인 | 오경은 박근영
영업 | 손원대
관리 | 이용승

ISBN 979-11-90566-23-0 03810

잘못된 책은 구입하신 서점에서 바꾸어 드립니다.

값 10,000원

복사꽃 먹는 오후

임성구 시조집

작가

■ 시인의 말

어둠을 밀어내고 수채화를 그릴 시간이 왔다.

자전거 타고, 붓을 들고, 양떼구름을 그린다.

울음을 통과한 모든 이에게

무한정의 꽃을 보낸다.

2021. 여름

임성구

차례

시인의 말

**제1부
맑은 문장이 열리는 길**

벚꽃야시장 13
들꽃 14
풍금을 그리는 밤 15
과수밭의 詩 16
춘분에 내리는 눈 17
포도나무 이발사의 꿈 18
따뜻한 습성 19
달빛 등목 20
화양리 딸기밭 정원 21
화양리 126번지 22
오렌지 정원에서 23
저 새들이 깔깔깔 24
복사꽃 먹는 오후 25
백운동 26
자전거 탄 풍경 속으로 27
달빛과 연못과 그리고 남자 28
물벽 29
첼로 30
겨울, 가덕도에서 몸을 풀다 31
누가 이 밤에 비트빛 물을 엎질렀나 32

2부
우물에서 길어 올린 문장의 길

골몰 35

웃어버리다 36

겨울 딸기밭에서 37

부모님 탐구영역 38

밑창 39

천년으로 남을 이 하루 40

논거울 41

달강달강 42

다시, 분이네 살구나무 43

암전暗轉의 꽃 44

종이학 목걸이를 한 소녀상 45

말모이 46

무중력의 밤 47

숨비소리로 오는 봄 48

늙은 우산 49

별목련, 늪에 들다 50

햇빛비상구 51

좋은 꿈 52

고아 53

행복을 주는 사람 54

3부 꽃과 나비의 문장으로

춘몽 57
홍옥 58
나비처럼 59
즐거운 감전 60
그 감꽃 입술 61
답답한 날의 편지 62
농부가 모를 이앙하는 동안 63
탈고脫稿 64
은근히 65
술래 66
모가 많은 세상 67
구절초 여자 68
찐, 대구 사람들 69
졸도卒倒할 뻔 70
하늘 눈물 71
이런, 드렁허리 72
늘, 그 자리 맴도는 시 73
붉은 저녁 74
동두천 해바라기 75
사랑이 오는 방식 76

4부 얼룩의 문장을 씻으며

능소화가 내 등에 툭! 하고 떨어졌네 79

제일 가난한 집 80

거풍擧風 81

빈잔 82

지나가는 비 83

노래가 피어나는 방 84

엄마가 필요했어요 85

봉안당에서 종일 놀다 86

집 87

나뭇잎 장례식 88

결탁의 꽃 89

나를 의도적으로 쳐내는 밤 90

관념 91

감잎 눈물 92

막 대해도 되는 사람은 없다 93

돌이 되어가는 시점에서 94

식물도 잠을 잔다는데 96

시는 활어처럼 97

쓸쓸하고 추운 것들은 세상에서 꽃 피우면 안 되나 98

해설

촌사람 임성구가 부르는 촌스런 노래의 아름다움
이승하(시인, 중앙대학교 교수) 99

1부
맑은 문장이 열리는 길

벚꽃 야시장

꽃 위에 또 꽃은 펴서 출렁인 환한 가지 끝

하르르 '벚꽃엔딩'*이 잔을 자꾸 재촉한다

통기타, 각설이타령이 궁합이 맞긴 한 건가?

청춘은 꽃을 찍고, 중년은 술잔을 찍고

밤늦도록 서로 다른 퍼즐을 맞추는 사이

어둠을 밀어내는 낙화, 깊은 밤이 더 깊다

사람아! 꽃 진다는 그 아픈 말 하지 마라

진다고 아주 지랴, 자식 하나 놓고 가는

해마다 웃음으로 떨어진 감탄사의 장례식

* 벚꽃엔딩 : 버스커버스커의 노래

들꽃

무심코 생각 없이 들길 하냥 걷다가
불현듯 마음을 빼앗길 줄 몰랐다
화려한 수사도 없이 혼자 웃는 널 보며

적당한 이름이 떠오르지 않아서
고민 끝에 '반하다'라고 몇 번 더 불러주곤
봄날의 눈웃음 지단 정성스레 올린다

초록이 반들반들 햇살에게 손 건네주면
덜 외로움과 더 외로움이 의좋은 형제처럼
즐거운 밀당으로 와서 뜨겁도록 반하다

풍금을 그리는 밤

중년의 밑동에서 눈감아 보는 밤이다
내 國民학교 그 언덕길, 초록 꿈만 꾸던 시절
풍금을 예쁘게 쳐주시던 선생님이 계셨지

아이들 수만 가지 꿈, 8분음표로 그려주면
순박한 낙동강이 황토빛이었다 맑아지면
가난도 일어서게 하는 미루나무 그림이었지

토끼풀밭에 마주 앉아 소녀에게 건네 준
그날의 꽃시계와 화관과 네 잎 행운 속
차르르 햇살 주례사의 성혼선언문이 선명하다

과수밭의 詩

창원 북면 단감밭에서 시인의 감感을 딴다
빛깔 곱고 제일 큰 것에 손이 먼저 가는 것은
자연의 당도를 훔치고픈
간절한 열망이다

다디단 감의 감정을 독파한 새들이
콕콕 쫀 가을 문장 크게 한 입 베어 먹는다

좀처럼 오지 않던 은유
한 광주리로 와 있다

춘분에 내리는 눈

무술년 매화가 발기문을 쓰는 동안

느닷없이 봄을 덮친 괴물 같은 저 겨울

눈꽃에 짓물러진 몸
상흔으로 남겠다

지난해 생목으로 진 동백꽃 부활인가

수십 마리 수나비들 벼랑으로 내몰렸다

아 젠장,
꽃이 무섭지 않다고?

덜컥 사랑은
하지 마라

포도나무 이발사의 꿈

시를 일처럼 쓰는 시인이 있었네
포도나무 가지 치듯 모순된 말을 쳐내
따뜻한 운율 되려고 푸르게 일을 하네

허공으로 올라갈 사다리를 세워놓고
한 발짝씩 오르면서 혈맥을 압축하네
바닥에 뚝뚝 떨어진 시
바람장막 치고 있네

낱말처럼 번져가는 가지들의 푸른 맥박
진 꽃들의 화사한 기억, 찾아갈 수 있을까
한 송이 염원의 문장
노을로 익기까지

따뜻한 습성

부질없는 자음 모음 끼니처럼 퍼먹고 있다

아침 문안인사처럼 해맑음의 나팔꽃 시

땡볕에 시들시들한 호박잎 같은 점심의 시

서로의 진정성 앞에 갑론을박하는 그 사이

풋감 하나 툭 떨어지며 떫은 저녁 부른다

그 옛날 마당에 걸린 어머니의 백솥처럼

옹기종기 모여 앉아 끼니 찾던 숟가락들

사생결단 휴전 없는 한 술 전쟁 치르듯

떨어진 밥풀문장들이 도전장을 내민다

달빛 등목

동두천 하고도 산골 깊은 움막집
땡볕을 식혀내는 달빛 물에 세수하고
홀라당 웃통을 까고
바가지째 들이붓네

정 시인 김 시인과 닭살 대화 건배주 몇 잔
달빛도 얼큰하게 익을 무렵 꽃노래 팡팡
산나방, 움막 강아지도
폴짝폴짝 춤을 춘다

그렇게 한 바가지 짜릿한 밤은 깊어
총총한 별들 사이로 바람이 지나가네
고요한 새 울음 몇 가닥이
물 한 동이 들이키네

화양리 딸기밭 정원

한 채 맑은 영혼의 집에 겨울비 내려온다
타다닥 탁! 빗소리가 다섯 잎의 하얀 꽃과
손장단 맞추는 그 사이
나비처럼 시인이 온다

한 뼘의 줄기들이 이랑을 건너가면
눈 내리는 밤에도 벌들은 꿈을 찾고
주남지 철새 울음들은
뭇별을 쏘아 올린다

폭설도 못 막는 내 사랑 찬별에 준다
농부의 심장을 먹고 익어가는 너처럼
무성한 잎잎에 자란 이슬
진주 같은 나비의 시$_{詩}$

화양리 126번지

안개를 보기 위해 하룻밤을 묵었네
감잎 같은 사람들과 시공부 널어놓고
떫은맛, 단맛의 기억이 붉게 물든 네 사람

자정이 올 무렵 두 사람은 집으로 가고
나락 쭉정이 같은 머스마 둘 술을 푸네
율격이 어떻고 저떻고 지랄발광 하는 사이

새벽이 깊은 어둠 무너뜨리며 오고 있네
주남저수지 긴 혓바닥 내 몸을 핥고 있네
천천히 알몸으로 서서
그에게 나를 주네

닭살이 돋은 피부에 안개가 자욱하네
이토록 차갑고 뜨거운 네 사랑이
물버들 길쭉한 가지에 묻은
내 슬픔을 쓸어내네

* 머스마 : 사내아이의 방언

오렌지 정원에서

세비아 대성당 히랄다탑 오랜 종소리
젖인 양 쪽쪽 빨며 익고 있는 오렌지들
낮에도 꺼지지 않는 등燈
내 가난을 밝힌다

세상에 궁핍해진 몸, 이곳까지 이끌고 와서
한 입 진한 네 향기로 오랜만에 웃어 본다
일순간 삭제되는 눈물이
충만함을 저장한다

저 새들이 깔깔깔

여기는 주남저수지 추수 끝낸 들판 한복판
저녁놀이 하늘 솥을 뜸 들이는 2분 동안
뜨거운 나를 꺼내네, 시원하게 갈기네

한 방울도 남김 없이 내게서 빠져나간 것아
세상의 거름 되어 서녘 밥보다 붉게 익어라
짜릿한 전율로 건너가는 기도를 네게 보내네

날아가던 철새들이 들판에 내려앉아
생쌀을 씹어먹으며 곁눈질로 바라보네
깔깔깔 자기네들끼리 웃음보따리 풀어놓네

복사꽃 먹는 오후

1.

아내가 시장에서 사 온 백도를 먹는다
물컹한 단맛들이 입안에서 녹아내린다
어디서, 다가온 사랑이기에
이토록 너는, 만발한가

2.

천도복숭 먹으며 하늘로 간 여자여
그 봄날의 꽃가지가 바람에 출렁이면
어여쁜 웃음이 울컥, 젖꽃처럼 환하다

3.

햇살이 끈적끈적한 꿀물로 떨어지는 오후
손거울을 면경面鏡이라 부른 시절을 채록한다
한 장의 첫사랑이 부풀어
가슴이 그만, 꿈틀한다

백운동

흰 구름마을 그 산중턱 전설바위가 쉬고 있네
힘든 사람 함께 쉬자고 구름 융단 깔아놓았네
산야에 이미 묻힌 사람과
진한 말을 주고 받네

이승에서 뿌리처럼 키운 검고 검은 내 속내
우윳빛 산안개에 어우러져 순한 양이네
오뉴월, 초록 짙은 음정音程
풀꽃향의 술을 드네

백운동 사람들은 선량하고 선량하여
숨소리만 들어도 경전으로 읽혀지네
온종일 가득 채운 신성神聖
고된 세상 다독 다독

자전거 탄 풍경 속으로

푸르게 출렁이는 오래 전 보리밭과
망초꽃 흐드러진 강둑을 달려가는
저만치 개구리교복을 입은 한 소년이 있습니다

맑은 하늘에 쓴 몇 글자의 그 순수함
종이비행기 곱게 접어 소녀에게 날려 보내고
힘차게 페달 밟으며 쑥스러움을 숨깁니다

바짓자락에 스치는 풀꽃들의 붉은 입들
몽정 같은 이야기 꺼내 깔깔깔 놀려대던
회상의 저녁 풍경이 단풍 물로 번집니다

달빛과 연못과 그리고 남자

너는 언제부터 지켜보고 있었느냐
노랑도 파랑도 아닌 신비로운 여인의 색
자수정 눈물 같은 꽃 네 속에서 젖는다

투박하고 거친 손으로 한두 번 어루만지면
연못엔 바람 일고 내 가슴엔 불이 붙는다

바람만 가득한 사랑
한 문장만 남았어도

달빛에 더욱 가냘파 눈빛 화살 보내는 사이
개구리 한 마리가 풍덩! 하고 뛰어든다

꽃잎이 파르르 떤다

물그림자 된
보라 창포

물벽

캄캄하고 마른 벽이 깨끗이 지워졌다
수직으로 자라나서 허기를 감싸주는
한 송이 저 거대한 물벽 봄을 불러 앉힌다

너의 가슴팍에서 실컷 한번 울어본다
얼룩이 남지 않아 독한 술은 필요 없고
엄마를 찾지 않아도 일어 설 수 있음을

푸르게 길을 내는 윈드서핑 꼿꼿함과
울긋불긋 펼쳐놓은 꽃길 바로 걸으며
때 묻은 영혼을 모두 씻어낸다, 참-맑다-

첼로

쉰 번째 봄과 가을 저 선 굵은 목소리여
질풍노도 빙폭 지나 콘드라베이스로 넘어가는
중년은 장엄하여 차마,
끼어들 수 없구나

헛짚었던 날들도 파랑파랑 물결치는
오선지 물고기들은 박자를 안 놓친다
저 깊은 심장 속의 심장
노을 금을 긋는다

연주가 끝나고서야 뜨거운 땀이 식는다
식으며 몰려오는 고즈넉함은 웅장하다
깊은 밤 별빛 관중들의
환호가 뜨겁다

겨울, 가덕도에서 몸을 풀다

바람 찬 바닷가와 배경이 된 붉은 등대
몇 컷 추억 담으려 스무 살 적 심장을 연다
안 오는 눈을 상상하며 춤추듯이 걷는다

갈매기가 물어오는 노래 듣다 몸은 얼고
노모가 운영하는 가덕도 자연산횟집
시원한 대구탕이 펄펄, 언 몸 불러 앉힌다

담백함과 얼큰함이 문장을 나누는 사이
눈발은 그치고 바다도 고요하다
소주에 국물 한 국자 저릿한 꽃이 핀다

누가 이 밤에 비트빛 물을 엎질렀나

앙칼진 모기 한 마리
밤새도록 살기로 운다

그 울음 피하려다
물잔을 발로 찼다

바닥을
다 적시는 빨간 눈물
내 밑바닥에서 콸콸 운다

어디로 가야 하나?
이 캄캄한 3시에는

보이는 건 잘난 척 솟은
아파트 숲, 몇 개의 불빛

술래야!
내 심장을 찾아줘

시는 없고
일만 보이네

제2부
우물에서 길어 올린 문장의 길

골몰

서너 살 돼 보이는 아이가 혼자 있다
경계석 틈새에 핀 제비꽃 두어 송이께
제 마음 송두리째 바쳐, 웃음 말을 쓰고 있다

사람들이 지나가며 "애야! 뭐하니?"
자전거가 지나가며 "애야! 너 뭐하니?"
자동차 경적소리에도 꽃향기만 줍고 있다

햇빛과 구름의 말, 바람과 비의 말을,
나비처럼 읽어내려는 듯 비장한 저 필살기
아이가 떠난 그 자리 잔상殘像 뿌리 더욱 깊다

웃어버리다

나를 따라다니던 어둠을 내다버린다
화창하게 좋은날 울다 그친 꽃 바라보며
맘 놓고 밀어버린다, 숨 끊어질 듯 끊어질 듯

층층이 자라나던 지독한 독(毒) 쏟아내고
거친 감정들까지 따뜻하게 지나가면
무결점 가수처럼 와서
목청 붉은 노래하겠다

열창을 받아먹고 날아가는 청둥오리야
바람 얼굴 다 만져보고 날 만나러 오느라
만 볼트 박장대소 한잔
불콰하게 마셔보자

겨울 딸기밭에서

하우스 안 한 남자가 멀뚱멀뚱 앉은 채로
환한 꿈을 꿉니다, 꽃을 보며 나비가 오길
당신과 이어주는 끈, 참 예쁜 유혹입니다

눈으로 서성이다 다디단 당신 만나면
신神의 저주를 풀고 당신을 만집니다
당신을 따 먹습니다 오르가즘을 느낍니다

마른하늘에 눈이 펑펑 올 것만 같습니다
남자는 하우스 안 푸른 눈밭의 눈사람입니다
오른손 왼손을 뻗어 언 마음을 녹입니다

딸기는 사랑을 먹고 겨울 내내 익어갑니다
거칠게 울던 바람도 깨금발로 지나갑니다
움츠린 벌들이 날아올라 꽃받침에 현을 켭니다

부모님 탐구영역

딸아이가 부모님을 심층탐구 하겠다며
한 권의 질문 노트 택배로 보내왔다
솔직히, 사실적으로 써달라는 신신당부

질문을 읽고 쓰는 꼬불꼬불한 행간 골목
꽃 잠깐! 폈다 졌지만 그때 열정 식지 않아
진 꽃의 이름을 불러본다, 연애등戀愛燈을 환히 켠다

'부모님이 부모님에게'란 대목에선 숨이 차다
강원도 탄광촌에서 흘러내린 계곡물 같다
사진도 한 장 안 남긴 부모님이 참 야속타

어렴풋이 남아있는 백발의 아버지께
쉰 중반 넘어가도록 눈멀게 한 어머니께
'부모님 탐구영역'을 딸아이처럼 보내고 싶다

밑창

어둠의 고린내가 코끝까지 올라오는 밤
한 가난이 표백된 채 헛웃음만 짓고 있다
눈물로 밝혀주는 별빛, 어느 죽음의 환생일까

한번 잘 살아보자는 그 예쁜 말에 속아
진창 길 가는 곳곳 네 선한 맘 읽어내다
기우뚱, 몸이 다 닳은 줄 까맣게 몰랐다

간절한 기도들은 하늘에 안 닿았지만,
슬픔만 묻은 체온 못 뿌리친 죄인이지만,

바닥에
쏟은 눈물과 달리
뜨겁도록 웃어도 봤다

천년으로 남을 이 하루

고려인이 불러주는 아리랑 들으며 우네
속가슴 울먹울먹 이상설이 따라오고
최재형 그도 건너오고 안중근을 불러보네

고향의 봄과 아리랑은 5분 안에 끝났지만
내 흘린 눈물들은 한나절에 말랐지만
온종일 저릿저릿해 몇 백 년을 가겠네

발해 성터 피로 웃는 야생의 꽃향기같이
진한 마약 같은 시를 적는 마음이야
단단한 노래의 뼈로 발굴되면 좋겠네

논거울

써레질 해놓은 논이 산 그림자 비추고요
밤이면 환한 달빛 야금야금 먹습니다
가끔은 하나님의 눈물도 다 받아먹곤 하지요

오늘은 당신 보며 나를 양껏 비춰보네요
지나간 시절들이 일제히 떠오르더니
바람이 지날 때마다 한들한들 꽃 피네요

어둠에도 진한 향기 있다는 걸 몰랐어요
오래도록 맴도는 이 따뜻한 향기에 그만,

눈물이
가당찮게 도네요
논거울 속, 별이 반짝!

달강달강

스산한 바람이 불던, 밤 기억 어루만지며
지워진 목소리를 두 팔 뻗어 잡습니다
애간장, 타는 목소리 이명처럼 들립니다

오래된 당신께서 살강 위에 올려놓으신
사기그릇 부딪치는 그 소리 닮아 있고
고요한 절집에서 우는, 풍경소리 닮았습니다

작지만 아주 크게 들려오는 희미한 말
밤새도록 귓전에서 피고 지는 꽃인 양
천년이 훌쩍 지나갑니다

달강~ 달강~
달강~ 달강~

다시, 분이네 살구나무

시인의 열 손가락 마디마디 에인 사랑*
분이네 살구나무에 분홍 꽃이 다시 핀다
허공 속 분이를 만나 춤추는 걸까 하늘 맑다

사람들아 시를 쓰자 세상에서 가장 맑은
직지사 석탑 돌아 내려오는 구름 붓으로
죽어도 잊히지 않는 그런 시를 품어 보자

선생은 가고 없어도 살구나무에 꽃이 피듯
언제나 봄바람 결인 시 한 수씩 걸어놓고
염원을 또 염원하며 두 손 모아 길을 열자

* 백수(白水) 정완영 선생의 시조 「조국」에서 차용.

암전暗轉의 꽃

낮을 지운 깊은 밤에 혼술을 한다는 것은
캄캄한 절벽 위에 먹물 비를 쏟아 붓는 것
마시고 들이부어도 또렷해지는 유년처럼

흘러내린 축축한 문장 제습기가 삼켜버리면
밝은 세상에서도 못 보여준 용기勇氣들이
무당의 심장이 되어 푸른 대竹를 잡는다

신들린 노래와 춤은 날 밝으면 사라지듯
슬픔이 태어났다가 떠나가는 하늘 쪽창
빛 한 줄 받아먹으며 분홍으로 건너간다

종이학 목걸이를 한 소녀상

식목일 하루 앞둔 늦은 밤 열시 삼분
택시에서 내리시는 다정한 노부부
평화를 받쳐 든 소녀에게
푸른 예를 올리신다

소나무 가지들이 출렁~ 한 번 웃어주는 사이
색색으로 접어 올리는 종이학 목걸이에
소녀는 청동 미소 내준다,
감사하고 고맙다는 듯

할 말이 너무 많아 차마 말을 못 이어간
느낌표와 물음표로 전하는 저 뜨거운 심중

누군가 그 마음 헤아리고
평화 답신 해줬으면….

말모이

영화를 보는 내내 주인공으로 살아보네
오늘날 내가 쓰는 시들이 왜, 울컥한지
기쁘게 눈물 쏟아내며 우리말을 지켜내네

찢기고 짓밟힌 말 질경이처럼 살아남아
세기를 건너왔네 한류바람 불어왔네
토속 말 사라져가는 지금은 한류시대

모은 말 응축해서 세계로 가는 악동樂童들아
은하에 닿을 노래와 심해를 들썩일 춤
온누리 복음 전하듯 민족혼을 달구어라

넓고 넓은 우주 들판에 작은 나라 대한민국아
푸르른 한글 씨앗 별무리처럼 흩뿌려서
무궁화, 무궁무진 빛나는 큰 나라를 세우자

무중력의 밤

등짐을 내려놓은 무중력의 밤이 왔다
휴대폰은 꺼두고, 눈은 뜬 채 누워 있다
시간이 지날수록 가볍게, 몸의 무게 들어낸다

하루살이 친구와 있는 솜털 같은 방 안에는
지시도 억압도 없는 서류들은 삭제모드

하루를 천년처럼 쓰는 동안

묵념에 든

까똑!
까똑!

숨비소리로 오는 봄

눈 감고 제주 냄새 내 방에 풀어놓는다
나는 지금 햇살 좋은 거실에 앉아 있고
성산포 해녀의 노랫소리
빈 마음에 들어선다

바람이 창문을 살짝, 두드릴 때마다
호오이~ 그 숨비소리에 매화꽃이 터지고
먼 곳도 가까이 들리는 봄
포말같이 그윽하다

돌멍게 전복 향이 술잔에 녹아들면
유채꽃처럼 화사한 그 여자에게 다가간다

호오이~
"이어도 사나 이어도 사나"
한 점 생을 맛보며

늙은 우산

가슴을 다 적셔야만 안 보이던 당신이 오지

철없는 작달비 응석 말없이 받아내던

당신은 무사하신가요?

세파에 꺾여

녹슨 뼈대여

별목련, 늪에 들다

만우절에 거짓말같이 한 여자가 왔습니다

환한 대낮 우포늪에 반짝반짝 빛나는 자태

일억 년 원시의 늪을 깨우는, 왜가리 필법같이…

나비 떼가 늪 쪽으로 흐뭇한 댓글 다는 시간

살금살금 도둑고양이처럼 시 한 편 훔칩니다

별만큼 많은 은유들이 함축해 논 아늑한 절창

햇빛비상구

앞은 캄캄하고 뒤는 더욱 깜깜하여

방향을 틀어야 할 그런 때가 온다면

너에게 달려가고 싶다

젖 먹던 힘

다 모아서

좋은 꿈

쉰두 개의 봄을 내려놓고 장백폭포 껴안았네
백두산 오르는 꿈 자작나무 숲을 지날 때
무결점 햇살이 내려왔네, 꽃향유 웃음이네

구름과 안개까지 잠시 자리 내준 사이
일제히 우리들은 감탄사로 몇 번 울었네
천지는 심장을 뚫고 나온 소리 없는 울음이네

남과 북 뜨거운 노래 두만강 건너갈 때
동주의 고즈넉한 서시와 별 헤는 밤이
문장을 토닥여주며 시 한 줄 내려주시네

고아

예순 살 K 시인이
팔순 엄니 보내면서

"성구야! 우리 이제, 같은 고아다 그쟈"

명치 끝, 깊숙한 우물물
화장장으로 흘러간다

우물물 타고 남은 사리가 매달린 하늘
밤마다 빛나는 위안으로 내려와서
토닥여, 토닥여 줄 것만 같은
한 살 때 떠난 어머니

쉰 해 동안 달고 산 뼈가 시린 그 이름을
두 해도 채 못 달고서 K 시인이 떠나셨다
소주를 목넘김하는 저녁
굵은 비가 내린다

행복을 주는 사람
― y에게

이 땅에 착한 별 하나가 내려왔지

천상에서 가장 깨끗한 목소리 들려주며

다복함 통째로 내려주는

당신이라는 훈훈한 꽃

제3부

꽃과 나비의 문장으로

춘몽

배나무 첫 가지가 연애소설 읽는 밤

겨우내 머금은 패기를 밀어 올린다

부르르
몸 떠는 꽃가지
내 형용사도 까딱까딱

홍옥

눈물에게 새빨간 심장이 있다는 걸

가을로 깊이 와서 비로소 알게 됐다

큰 한 입 베어 문 살점

그 상처까지 맛나다니

나비처럼

좋은 꿈
꾸고 와서

좋은 꿈
꾸고 간다

꽃처럼 나비처럼
팔랑 나풀 왔다가는

응축과 응고 사이 사랑은

짠 눈물도
빛난다

즐거운 감전

고압선 타고 흐르는 그 말이 벼락이어요
천둥이 몰고 온 눈물 태워버릴 거예요
그러니 센 비가 오는 날은
내 곁에 오지 마세요

세상에서 단선斷線된 값싼 고독 묻어줘요
그 어떤 위로의 말도 우주에 닿지 못해요
유고집 좍좍 찢어서
그냥 그냥 태워줘요

그 감꽃 입술

어릴 적 감꽃 입술의 삼촌을 따라 다녔다
떫은 눈물로 새긴, 벼랑 하늘 한 자락쯤
말라서 비틀어져가는 그 구석이 슬픔이다

지구 한쪽에서 울다 흐려진 편질 본다
얼마나 많은 침묵 흘려보내야 익을까
읽으면 읽을수록 흐르는
이 단맛의 감정들

절정의 맛을 한 번도 못 본 그 사람이
가지 끝 노을 속에 매달려 웃고 있다
왜 자꾸, 눈물이 도는지
알면서도 모르겠다

답답한 날의 편지

얼굴이 복면인 사람들이 돌아다닌다
한 장의 마스크로 숨구멍을 봉인한 채
때 되면 봉인을 풀고
숟가락질만 바쁘다

옆 사람이 누군지? 입만 빠른 난, 또 누군지?
2미터 밖은 사람이고, 바로 앞은 바이러스
한마디 말 없는 불도저 밥상
게걸스런 짐승 같다

마음껏 입 벌리고 산 날들에게 잘해 줄 걸

사무치는 꽃향기 나무 향기 사람 향기여!

언제쯤
네 노여움 풀어줄래

껴안고 싶은
세상아-

농부가 모를 이앙하는 동안

검게 탄 한 사내와 이앙기 한 대가
긴 자로 잰 듯이 온 들판을 누빕니다
저들이 남기고 가는 발자국을 그립니다

여백을 채워가는 오 거대한 줄노트
주남지 왼쪽 길엔 뽕나무 오디가 익고
오른 길 빨갛게 익은 산딸긴
까만 아일 부릅니다

창문 같은 사각 허공엔 새들이 날아다니며
미리보기 하는 듯이 황금들녘 펼칩니다
시인이 농부보다 먼저
가을 밥을 챙깁니다

탈고脫苦

망자의 모란 이불 한 채가 타들어가며
선한 눈에 가시 바늘 한 쌍을 박아 넣는다

체온이 흘러내리는
시간들이 강물이다

부지깽이 슬픈 장단 저녁 하늘 뒤덮으면
하나님도 못 읽는다, 이 사람 두꺼운 얼룩

얼룩진 울음이 끊어지면
새는 멀리 날아가겠지

바람아 참 고맙다 네 지나간 그 자리가
수채화 그려놓은 듯 맑은 감성 천국이다

내일은 못 부를 노래 없다
만발한 꽃이 올 테니

은근히

그 여자 샴푸 냄새가 문득 그리워지는

장미향 그 입술이 사무치게 그리워지는

통째로 탐하고 싶다, 푸른 가시 오월엔

술래

꼭꼭 숨어버린 내 속의 나를 찾아

우주의 출렁다리를 오늘도 서성인다

별과 별 그 사이에 숨은
나의 당신은 오지 않고…

으깨진 과일처럼
축축한 울음만 살아

낮은 언덕길에도 늘 숨이 가쁘다

울음이
꽃 피울 수 있는
그런 날이 올까 몰라

모가 많은 세상

백 와트(W) 조명등이 너와 날 비춘다
미친 듯 노래하고 춤추다 쓰러지고
저 가짜 햇빛에게 무작정, 고함치고 싶다

현란하게 쏟아내는 거지 같은 정책들 좀 봐
우리 아닌 너만 있는, 무조건 따르라는 말
맨정신, 하 맨정신의 당신, 모 없이 잘 살겠니?

죽음으로 죽음으로 몰아가는 인정 없는 말
네 죽음을 보관 중인 쾌속 급속 냉동고는
언제쯤 천국에 가 닿아 웃음 별이 되려나

구절초 여자

조금은 모자란 여자 헤실헤실 웃는다
적당한 거리 두고 띄엄띄엄 마음 주는
연보라 꽃살문 향기가
더운 피를 졸인다

하늘이 붉게붉게 물들고 남은 자리
노래가 떠다니는 휴식 같은 어스름 녘

잠자리, 가을잠자리로
살짝 앉는다,
한 송이 꽃

찐, 대구 사람들

경상도 사람들이 무뚝뚝하단 그 말 잊어요
알고 보면 속 깊은 정情 달구벌 덮고 남아요
팔공산 갓바위서 빈
은덕으로 난 대구 사람

들숨 날숨에서 사과향이 묻어나는
남도 동쪽 아침 해가 온종일 익어가듯
속정이 고을고을로 과즙처럼 번져나요

대구 사람 아시려거든 잠깐 말고 오래 만나요
진국 중 진국인 양 그 쫀득한 맛 못 헤어나요
그러니 무뚝뚝한 편견 따윈
박물관에나 줘 버려요

졸도卒倒할 뻔

산의 속살 찢으며 날아가는 장끼 한 마리
마음 약한 심장을 그냥, 툭 떨어뜨린 대낮 2시
단번에 하늘 노래지더니 귀신들이 다녀간다

곳곳의 봉분들이 그 울음에 화들짝 놀라
어떤 놈이 내 새끼 울리는지 혼줄 내려
유년의 '전설의 고향' 주인공처럼 눈 흘긴다

삽시간 그 삽시간에 벌어진 일에 그만,
가슴이 철렁하고 오줌 지릴 뻔했잖아!
저놈의 장끼 새끼 땜에, 놀란 가슴 쓸어내린다

하늘 눈물

먼저 간 착한 사람 가슴 친 응어리가
꽃이란 꽃 다 적시고 나무란 나무 다 적신다
풀밭을 적시고 남은 자리, 마음자리까지 적신다

전깃줄에 매달린 하늘 슬픔 받아먹는 새
깃 떨군 노래들이 내 술잔에서 서성이면
취기에 역류하는 울음, 떠난 사람을 붙든다

이런, 드렁허리

내 마음 막은 물꼬 허무는 넌 누구냐
한 반쯤 키운 달이 구름 속을 헤맬 때
여자는 먹감나무 아래 물 한 대접 떠 놓았지

헐린 눈물 잘 가두려는 저 농부 마음이나
자식 나무 애지중지 가꾸시던 그 마음이야
한 마음 한 마음으로 유선乳腺되어 흘러가고

장어도 미꾸라지도 아닌 널 용서 못해
마음 곳곳 구멍이 난 저 달을 꿰매면서
오늘밤 이 단호한 칼날 거두지 않겠다

늘, 그 자리 맴도는 시

과거를 부정하러 떠나는 먼 여행길
꽃향기 주워 담아 콧노래도 불러보지만
뜨겁게 시작한 첫음절이 맥없이 식어간다
곧게 선 이정표 향해 내달려도 보면서
바다의 비린 삶도 어부 대신 경험하며
선술집 질곡한 가락 목청이 쉴 때까지
얼씨구 절씨구야! 지화자 차차차
황정자의 노랫가락이 선창일기 덮어 쓰는
당신의 젊은 날들이 내 삶으로 돌아왔다
'진보'라 고함치며 저 하늘에 대들어 봐도
영감靈感을 불러내다 주저앉은 무당처럼
천둥을 몰고 다니는 방울소리는 무척 섧다

붉은 저녁

대책 없는 마음을 무작정 풀어놓고
그대에게 들어갈 성문 앞에 서성인다

그러나 문은 닫혀 있다
건조한 하루의
탈출구

행선지 없는 바다 큰 섬과 작은 섬 사이
일몰을 바라보는 조용한 심장의 말

어디서 아름답게 묻힐까
내가 없는
많은 날은

죽어서 일억 년을 어떻게 살아갈까
이승이 그리워지면 그 사이가 또 벼랑일까

바다 위
늙은 감나무 가지 끝

목숨 하나

딸깍
진다

동두천 해바라기

동두천 외진 산막 해바라기 열두 송이
달빛을 등에 업고 바라보는 저 북녘 땅
배경은 온통 깜깜한데 염원들은 따뜻하다

닿지 못한 짝사랑처럼 절절히 익은 문장
은하를 몇 개 건너 그대에게 당도하면
열두 달, 웃음으로 영그는
행복열쇠 전하리

사랑이 오는 방식

말하지 않아도 서로 아는 눈빛처럼

가슴에 천만 볼트 전류를 흘리면서

웃음꽃 팡팡 피우며 건너오는 진한 마음

제4부
얼룩의 문장을 씻으며

능소화가 내 등에 툭! 하고 떨어졌네

속울음 흩뿌리는 한 남자 등허리에
한 방울 이슬 맺히네 한 무리 별 쏟아지네
어깨를 툭! 치며 오는 위안慰安 정거장 꽃향기

애절히 건네주는 소리 없는 주홍 노래
무표정의 쇠가 녹듯 뜨거운 눈물이 녹네
힘없이 떨어진 것이 참, 큰 힘을 가졌네

사내야 일어나라 사내야 일어나라며
따뜻한 등燈을 켜네 밤이 다 환해졌네

흙 묻은 엉덩이를 털면
내 갈 길이 보이겠네

제일 가난한 집

그 고장 제일 큰 동네 섬처럼 떠 있는 집
마지막 호롱불이 스산하게 흔들리는 창고
가난이 퉁퉁 불어터진 허름한 노래가 사네

마른 밥 물에 말아 양 부풀려 허기 채우는
키 작고 눈 큰 아이, 철딱서니 정말 없네
온 동네 떠돌면서 부른 청승맞은 가사처럼

양철지붕 폭우소리가 가난을 두들겨 패네
목 터지게 불러 봐도 새나가지 않는 노래
이제는 노을빛 강이 되어 뻘기꽃처럼 흔들리네

거풍擧風

오래 전 젖배 곯은 일기장을 볕에 말린다
곰팡내 배어있던 축축한 울음들이
하늘길 새처럼 난다, 까슬까슬 가볍게

날개를 달았지만 갈 방향은 미로 속이다
오래 접혀 뻣뻣해진 아득한 천사의 날개

수백 번 우여곡절 끝에
나래친다, 훨훨훨

빈잔

내 앞에 놓여있는 쓸쓸한 너를 두고
무엇을 채워줄까 고민하다 잠이 들었네
마셔도 비워지지 않는 향긋한 술이 떠도네

봄은 피고 지고 맵게 울던 매미도 가고
발갛게 익은 가을과 설국의 계절 보내놓고
또다시 한 바퀴의 잔을, 채우면서 웃어보네

화무에 취해버린 내 잠꼬대에 걷어차여
쏟아진 너의 생애 얼마나 많이 아플까
미안타*, 마음 하나 못 채워 헛꽃만 뭉텅 피네

---

* 미안타 : '미안하다'의 방언

지나가는 비

바닥에 주저앉아 우는, 오래된 아이가 있다
곯은 배 움켜쥐고 희미한 대본처럼
가슴을 반 주먹으로 치면
쇠북소리가 난다

세찬 빗줄기가 쇠북소릴 먹는 동안
아이의 아픈 눈물 우물 속에 빠져들고
퐁 퐁 퐁 우물물 끓이며 저승 엄마 오신다

쫄쫄 곯은 오랜 아이 비로소 나이를 먹고
맑디맑은 연잎 눈물 또르르 연꽃이 피고
연못도 아라 연못에 분홍 비가 지나간다

노래가 피어나는 방

이 무수한 별들 중에 한 남자만 비추는 별
지구 구석구석을 어루만져주는 위안의 방
댓거리 '마산노래방'에서 눈물 잔에 피를 섞는다

한 잔 눈물이 한 홉 피에게 한 곡조 뽑아주고
한 홉 피가 한 양동이 비, 몰고 와서 흐느낄 때
늘어진 카세트테이프처럼 후렴구에선 목이 쉰다

'남자가 홀로 울때는' 노래보다 더 쓸쓸한
술이여 바람이여 내 앞길만 막아서지 마라
이 밤만 검붉게 울고 나서 함박꽃을 피우리니

엄마가 필요했어요

1.
땟물이 덜 빠진 여덟 살 아이가 있네
쩌억쩍 갈라 터진 작은 손이 빨래를 하네
방망이 내리칠 때마다
사방에 튀는 얼음 눈물

2.
혹한의 얼음장 밑 정지된 그리움아
세상 제일 따뜻한 빛, 아이에게 건네주렴
눈가에 그을린 촛불 눈물
밤하늘에 닿지 않게

3.
밤에 울면 더 아플까 봐 낮에만 우는 아이
뒤주에서 장독에서만 쪼그리고 우는 아이
죽도록 맞아도 좋으니 라고
소원하던 그 아이

봉안당에서 종일 놀다

가끔은 산 사람보다 귀신과 노는 게 낫다
들릴 듯 말 듯 한 목소리로 속삭여 주는
잘~ 살다 내게로 오라는 이 따뜻한 당신들의 말

죽은 자에게 점호 하듯 각 호실 돌아보며
한 사람씩 한 사람씩 이름을 불러준다
당신은 날 보며 활짝 웃고
당신 보며 나도 웃는다

언젠가 와야 할 곳, 당신네와 친하고 싶어
국화꽃 한 다발을 마음 말로 바친다
집으로 돌아오는 길목 라디오를 켠다

집

 네 집이 허술하다고 울지 좀 마라 사람아!

 한 알의 내가 폐타이어 고무냄새에 익숙하다, 밤의 골목골목을 휘청거리며 돌아다닌다, 닳고 닳은 고무 수액을 젖처럼 빨아먹는다, 한 잎 싹을 틔워 뼈대를 세운다, 마디마디 골수를 뽑아 수십 수백 개 손가락 가지를 만든다, 밤마다 가장 빛나는 별에게 기도 올리며 꽃을 피운다, 분홍분홍 노래하는 천상의 여자가 이름 지어 꽃의 호적에 올려주었다, '분꽃', 그날부터 나는, 분꽃이라는 이름표를 등불처럼 가슴에 달고 산다, 맑은 밤이면, 세상 모든 슬픔을 깨끗이 지우는 노래를 부른다, 남쪽의 나팔꽃처럼 노래하고, 북쪽의 예술단처럼 춤을 춘다, 그때마다 멀리 갔던 나비와 벌이 팔랑팔랑 윙윙거리며 돌아온다. 화려한 집이 없어도, 오로지 당신 위한 웃음선물을 준비 중이다,

 그러니, 혼자 울지 마라
 웃는 나는 어쩌라고

나뭇잎 장례식

깊고 깊은 잠 속에서 환영幻影을 읽는다

꽃상여 앞소리에 갈잎 한 장 떨어진다

아버지 그 강직함이 일순간,

무너지는

찰나…

결탁의 꽃

두 사람이 약한 한 놈을 쳐내려는 큰 그림에
정면승부는 없었다, 울대를 잡아 쥐고
지상의 모든 가난한 꽃, 없애버리려 짓밟은 발

그 발아래 울컥울컥 쏟아낸 풋꽃물 얼룩
봄 한 번 못 만나 보고 얼음 산에 수감 된 채
압축된 문장을 흩뿌리며 새가 되어 날아간다

눈물 없는 사람들이 치르는 웃음 장례식
또 한 사람 먹잇감 찾아 쾌재 부린 흑심 문장
그들은 무한정 화려하고 내 죽은 시詩만 빗물이지

나를 의도적으로 쳐내는 밤

시(詩)는 되지 않고 생각만 얼추 깊은 밤
모기 한 마리가 내 목 피를 빨아먹으며
죽은 듯, 있어달라고 얇고 센 말로 협박한다

"이 새끼가 정말?" 하다, 그에게 지고 말았다
불을 켜 손바닥으로 힘센 한 놈을 족쳤지만
또 한 놈, 여럿 놈들에게
내 영혼까지 탈탈 털렸다

그날 이후 세균들이 의도적으로 쳐내는 나날
견디고 버텨가며 맷집을 키우는 나날
멍으로 치대고 치댄 빨랫감의 시(詩) 벌겋다

관념

몽유병 환자였네

쓰잘머리 없는
헛꿈만 차서

한 하늘
한 생이 온통,

청보랏빛 추상抽象이네

먹어도
배를 못 불린

서정과 현실 사이

감잎 눈물

한 알의
정열적인
태양도
못 돼보고

그 사람
배경으로만
살다가
곪아가는

초겨울
저 눈물이 곱다,

마지막 한 잎
툭! 진다

막 대해도 되는 사람은 없다

많은 사람들이 남자에게 그랬다
유효기간 지나면 버려질 거라고

그 남자 대답이 더 슬펐다
하얀 재가 되겠지요

착한 사람들은 참는 힘이 너무 세서
한 몸에 칭찬 안고 멍도 안으며 살지요

바람에
휘였다 돌아오는
대나무처럼
견디면서

돌이 되어가는 시점에서

1
돌에겐 제 감정을 억누르는 힘이 있지
어쩌다 한 번 울어도 마음 주는 사람 없지

산국이
환하게 피는 날에도
웃을 수 없는 단단한 몸

2
말랑하던 시절들은 어디로 갔을까요?
오래된 나뭇가지는 부러져 썩는다지만

두고 갈
이 마음의 돌
어느 중심에 걸어둘까요?

3
크고 작은 돌이 마냥, 가볍게 떠돌고 있지

자식 하나 두지 못한 돌장승 남자가 뿌린

밤하늘
서정抒情씨앗은
사리탑 속 꽃 한 송이

식물도 잠을 잔다는데

식물만도 못한 사람들 야근을 밥 먹듯 한다
시퍼렇게 돈독 오른 어느 회사 사장님은
오늘도 돈꽃이 피는 통장 들고 다그친다.

넓은 밭 한 나절에 가는 소를 다그치듯
이랴! 자랴! 빨리빨리 불호령의 농부같이

목이 쉰 저항의 노래와
붉은 띠가 안쓰럽다

시는 활어처럼

아부지,
아부지요!
내 좀 살펴 봐 주이소

이 세상 어디든지
살아 살아서 가 닿는

그런 시
내려 주이소

입 안 가득
꿈틀거리는

쓸쓸하고 추운 것들은
세상에서 꽃 피우면 안 되나

"같잖다, 참 모질다, 우-째 그리 잘났냐?"

수렁에서 겨우 건진 상처를 짓밟는 너

앙칼진 도둑고양이처럼

곁에 자꾸 서성이네

| 발문 |

촌사람 임성구가 부르는 촌스런 노래의 아름다움

이승하(시인 · 중앙대학교 교수)

 조용필의 노래는 대체로 다 명곡인데, 그중에서도 해설자가 특히 좋아하는 노래가 「꿈」이다. "화려한 도시를 그리며 찾아왔네 그곳은 춥고도 험한 곳/ 여기저기 헤매다 초라한 문턱에서 뜨거운 눈물을 먹는다/ 머나먼 길을 찾아 여기 꿈을 찾아 여기에 괴롭고도 험한 이 길을 왔는데/ 이 세상 어디가 숲인지 어디가 늪인지 그 누구도 말을 않네". 뭐 이렇게 진행되는 조용필이 작사·작곡한 이 노래를 내가 좋아하는 가장 큰 이유는 내가 '촌놈'이기 때문이다. 「꿈」이란 노래는 촌놈의 상경기다. 경북 의성군 안계면에서 태어나 서너 살 때 김천으로 이사, 죽 김천에서 자란 나도 촌놈이지만 임성구 시인도 경남 창원시 북면 동전리에서 태어난 촌사람이다. 창원은 1974년에 '기계공업기지'로 지정, 공단이 조성되고 번듯한 도시의 모습을 갖추게 되지만 시인이 태어나 성장기를 보내던 시절에는 별다른 특성이 없는 '촌'이었다. 촌사람이기에 고향노래를 부르는 것이다. 조용필이 "슬퍼질 땐 차라리 나 홀로 눈을 감고 싶어 고향의 향기 들으면서/ 저기 저 별은 나의 마음 알까 나의 꿈을 알까/ 괴로울 땐 슬픈 노래를 부른다/ 이 세상 어디가 숲인지 어디가 늪인지 그 누구도 말을 않네/ 슬퍼질 땐 차라리 나 홀로 눈을 감고 싶어/ 고향의 향기 들으면서 고향의 향기 들으면서"라고 고향을 외쳐 불렀듯이 말이다. (해설자는 시조를 인용할 때 연으로 나뉘어 있을지라도 모두 붙이도록 할 것이니, 시인의 양해를 바랍니다.)

꽃 위에 또 꽃은 펴서 출렁인 환한 가지 끝
하르르 '벚꽃엔딩'이 잔을 자꾸 재촉한다
통기타, 각설이타령이 궁합이 맞긴 한 건가?

청춘은 꽃을 찍고, 중년은 술잔을 찍고
밤늦도록 서로 다른 퍼즐을 맞추는 사이
어둠을 밀어내는 낙화, 깊은 밤이 더 깊다

사람아! 꽃 진다는 그 아픈 말 하지 마라

진다고 아주 지랴, 자식 하나 놓고 가는
해마다 웃음으로 떨어진 감탄사의 장례식.
―「벚꽃야시장」전문

시조집의 제일 앞머리를 장식하고 있는 작품이기에 제일 먼저 인용하였다. 벚꽃이 만개해 있는 야시장에서 술잔을 기울이고 있는 이는 시적 화자다. 젊은이들은 사진을 찍으면서 희희낙락하고 있겠지만 인생이란 피었다 금방 지는 벚꽃 같은 게 아닌가. 화자는 잔바람에도 하르르 떨어지는 잔망스런 꽃잎을 보며 회한에 사로잡혀 술을 마신다. 그런데 꽃은 몽땅 다 지더라도 그 다음해가 되면 어김없이 또 피어난다. 사람은? 어린애가 청년이 되고 청년이 장년이 되고 장년이 노년이 된다. 그리고 장례식장으로 간다. 가수 버스커 버스커는 「벚꽃엔딩」에서 "봄바람 휘날리며 흩날리는 벚꽃잎이 울려 퍼질 이 거리를 둘이 걸어요"라고 노래했지만 이 시의 화자는 술만 자꾸 마시고, 깊은 회한에서 헤어나지 못한다.

무심코 생각 없이 들길 하냥 걷다가
불현듯 마음을 빼앗길 줄 몰랐다
화려한 수사도 없이 혼자 웃는 널 보며

적당한 이름이 떠오르지 않아서

고민 끝에 '반하다'라고 몇 번 더 불러주곤
봄날의 눈웃음 지단 정성스레 올린다

초록이 반들반들 햇살에게 손 건네주면
덜 외로움과 더 외로움이 의좋은 형제처럼
즐거운 밀당으로 와서 뜨겁도록 반하다
―「들꽃」 전문

  이 작품도 촌사람 임성구의 눈에 제일 많이 뜨이는 들꽃을 소재로 삼았다. 들꽃은 "화려한 수사도 없이 혼자 웃는" 존재다. 화자는 꽃 이름을 몰라서 뭐라 불러줄까 고민하다 '반하다'라고 몇 번 불러준다. 셋째 수가 아주 매력적이다. 저 혼자 즐거워하기도 하고 이웃한 들꽃들과 잘 어울리기도 하는데 들꽃은, 아니 촌놈은 신경림의 시구대로 "못난 놈들은 서로 얼굴만 봐도 흥겹다"(「파장」). 유유상종을 한글로 쓰면 끼리끼리가 될 텐데, 들꽃들끼리 혹은 나와 들꽃이 다 동류의식을 갖고 있다. 촌스럽다는 것은 달리 말하면 잘 통하고 정답다는 것이다.
  이번에 내는 다섯 번째 시조집의 제목이 『복사꽃 먹는 오후』이니 그 제목의 시조를 보도록 하자.

1.
아내가 시장에서 사 온 백도를 먹는다
물컹한 단맛들이 입안에서 녹아내린다

어디서, 다가온 사랑이기에
이토록 너는, 만발한가

2.
천도복숭 먹으며 하늘로 간 여자여
그 봄날의 꽃가지가 바람에 출렁이면
어여쁜 웃음이 울컥, 젖꽃처럼 환하다

3.
햇살이 끈적끈적한 꿀물로 떨어지는 오후
손거울을 면경面鏡이라 부른 시절을 채록한다
한 장의 첫사랑이 부풀어
가슴이 그만, 꿈틀 한다
―「복사꽃 먹는 오후」 전문

 첫 수에 아내가 시장에서 사온 백도白桃를 먹는 데서 시작하는 이 시조는 둘째 수에서는 얼굴도 모르는 어머니를 환영으로 만나 복숭아 과즙을 젖처럼 빨며 마음속 깊은 곳에선 복사꽃을 피운다. 셋째 수에서는 엉뚱하게도 화자의 마음에서 지워져 있던(?) 첫사랑에 대한 기억을 불러일으킨다. 그녀(어머니)는 천도복숭을 먹으며 하늘로 갔다고 한다. 복사꽃이 아니라 백도를 먹은 것이지만 물 많은 백도와 복사꽃의 분홍색은 화자에게 어머니와 첫사랑에 대한 기억을 동시에 떠올리게 하여 가슴이 그만 울컥하면서 또 꿈틀, 한다. 이런 시조를 보면 임성구의 시조가 지향하는 세계가 자연과의 합일을 꿈꾸는 순수서정에 가깝다는 것을 알 수 있다. 그런데 이런 세계는 자칫 우리에게 아주 익숙한 것이어서 식상하다는 느낌을 줄 수 있다. 어느 해인가 계간평을 쓰는데 천편일률적인 봄노래가 문예지 발표작의 절반 이상이었다. 겨울이 가고 새봄이 왔다는 것 말고 여러분의 마음을 움직인 것이 이렇게 없단 말인가 하고 성토하였다. 이 모든 시를 합쳐도 T. S. 엘리엇의 "4월은 가장 잔인한 달/ 죽은 땅에서 라일락을 키워내고/ 추억과 욕정을 뒤섞고/ 잠든 뿌리를 봄비로 깨운다."는 「황무지」의 한 구절만 못하고 이상화의 시 「빼앗긴 들에도 봄은 오는가」라는 제목 하나에 못 미친다고 마구 짜증을 냈다. 이 땅의 수많은 귀거래사, 자연예찬, 향토정서는 일언이폐지왈, '거의 같다'. 임성구의 시조를 읽으면서 안도의 한숨을 내쉬었던 것은 이러한 '천편일률'이나 '대동소이'와는 많이 달랐기 때문이다.

    식물만도 못한 사람들 야근을 밥 먹듯 한다
    시퍼렇게 돈독 오른 어느 회사 사장님은
    오늘도 돈꽃이 피는 통장 들고 다그친다.

    넓은 밭 한나절에 가는 소를 다그치듯
    이랴! 자랴! 빨리빨리 불호령의 농부같이

    목이 쉰 저항의 노래와

붉은 띠가 안쓰럽다
―「식물도 잠을 잔다는데」 전문

  우리나라 각 공장이나 제조업체 사업장에서 일어날 법도 한 안타까운 일이다. 지금은 이런 식의 무지한 사장이 거의 없는 것 같지만 외국인 노동자들의 하소연을 들어보면 기가 막힌 일이 아직도 많이 일어나고 있다. 비정규직 사원, 계약직 사원, 부당해고, 정리해고, 최저시급 등이 우리 귀에 지금도 들려오고 있는 용어가 아닌가. 이 시조에 나오는 사장은 잔업수당이나 야근수당을 줄 생각이 없는 모양이다. 일자에 맞춰 물량을 대야 한다고 다그치기만 한다. 인부들은 참다못해 머리에 붉은 띠를 두르고 노동가요를 합창하지만 시인이 보건대 이런 대립각이 안쓰러울 따름이다. 가진 자의 위력 앞에서 거꾸러지는 것은 항상 못 가진 자이다. 우리 사회의 그늘을 보고 쓴 이런 시조가 있는가 하면, 일본군대에 끌려간 위안부를 상징하는 소녀상을 보고 쓴 시조도 있다.

식목일 하루 앞둔 늦은 밤 열시 삼분
택시에서 내리시는 다정한 노부부
평화를 받쳐 든 소녀에게
푸른 예를 올리신다

소나무 가지들이 출렁~ 한 번 웃어주는 사이
색색으로 접어 올리는 종이학 목걸이에

소녀는 청동 미소 내준다,
감사하고 고맙다는 듯

할 말이 너무 많아 차마 말을 못 이어간
느낌표와 물음표로 전하는 저 뜨거운 심중

누군가 그 마음 헤아리고
평화 답신 해줬으면….
―「종이학 목걸이를 한 소녀상」 전문

   세계 곳곳에서, 우리나라 곳곳에서, 소녀상들이 당하는 수난이 목불인견의 지경이다. 분하고 원통하다. 소녀상에 예를 다한다는 것은 그때 일본군에 강제로 끌려가 온갖 고초를 다 겪은 위안부들에 대해 예를 올리는 것이다. 색색으로 접어서 목걸이를 만들어 걸어드리니 소녀는 청동 미소를 내준다. 시조의 첫째 수 둘째 수는 정황에 대한 평범한 묘사로 이어지지만 셋째 수, 즉 제 3, 4연은 시인의 공력이 집중되어 가슴 뭉클한 감동을 준다. 노부부는 아무 말도 못하고 절만 했을 것이다. 택시에서 내려 종이학 목걸이를 걸어드리고 간 노부부의 마음을 누군가 헤아려 일본이 '평화 답신'을 해주면 좋겠지만 그들은 계속 적반하장 격으로 나오고 있다. 일본은 사과를 할 만한 배포가 없는 것이다. 잘못을 인정하고 사과하는 것이 결코 굴욕이 아닌데, 섬나라 사람이라 마음이 좁은지. 사과는 무릎을 꿇는 것이 아니고 악수를 청하는 것이다. 과거의 우리 잘못을 용서해다오, 앞으로 잘 지내자 하면 되는 것을, 그걸 못해 저렇게 다른 나라에서도 소녀상을 못 세우게 하니 시인은 화가 난 것이다. 코로나19 바이러스가 가져온 팬데믹 현상에 대해서 쓴 시조가 있다.

    얼굴이 복면인 사람들이 돌아다닌다
    한 장의 마스크로 숨구멍을 봉인한 채
    때 되면 봉인을 풀고
    숟가락질만 바쁘다

    옆 사람이 누군지? 입만 빠른 난, 또 누군지?
    2미터 밖은 사람이고, 바로 앞은 바이러스
    한마디 말 없는 불도저 밥상
    게걸스런 짐승 같다

    마음껏 입 벌리고 산 날들에게 잘해 줄 걸

    사무치는 꽃향기 나무 향기 사람 향기여!

    언제쯤
    네 노여움 풀어줄래

    껴안고 싶은
    세상아-

―「답답한 날의 편지」 전문

집 밖에 나설 때, 너나없이 마스크를 하게 될 줄이야! 숨을 원활히 쉴 수 없으니 답답하고 남을 알아볼 수 없으니 더욱더 답답하다. 화장품과 옷이 도무지 안 팔린다는 이 시대, 식당에도 술집에도 우르르 몰려갈 수 없다. 사람과 사람 사이에는 거리두기를 할 수 있지만 바이러스는 거리두기를 하지 않는다. 사람이 만나 악수를 해도 옮길 수 있다고 해서 주먹을 쥐고 살짝 대는 이상한 악수를 하고 있다. 대화를 나누다 재채기를 하면 열 명한테도 전파할 수 있다고 한다. 화자는 이런 시대가 되어서야 "마음껏 입 벌리고 산 날들에게 잘해 줄 걸" 하고 후회를 한다. "사무치는 꽃향기 나무 향기 사람 향기여!" 하고 부르짖는다.

사람이 산다는 것이 무엇인가. 친구들이랑 만나 술도 같이 마시고 고담준론도 나누고 계모임도 하고 여행도 같이 가고⋯⋯. 한 공간에서 뒹굴고 부대끼고 체취를 맡는 것이 친구이고 동료가 아닌가. 시인은 바이러스에게 편지를 쓴다. "언제쯤/ 네 노여움 풀어줄래" 하면서. 대상을 바이러스로 봐도 되겠지만 현재의 팬데믹 상황, 문명이나 우주, 자연, 혹은 신으로 봐도 무방할 것이다. 태양계의 이 작은 혹성 지구 위에서 인간과 바이러스가 일대 격전을 벌이고 있는데, 최후의 승자가 과연 인간일까. 이제 인류는 코로나로 죽은 사람, 확진자, 아직 감염되지 않은 사람, 백신을 맞아 코로나

로부터 해방된 사람, 이 네 부류로 정확하게 나눠지고 말았다. 문제는 변종 바이러스인데 이놈들이 백신을 맞아 완전히 나았다고 안심하고 있는 사람들을 비웃으며 무슨 짓을 할지 모르겠으니 더욱더 불안하다. 코로나로 고생한 대구 사람들을 위로할 마음으로 썼는지, 대구 사람들이 읽고 무척 좋아할 시조가 있다.

경상도 사람들이 무뚝뚝하단 그 말 잊어요
알고 보면 속 깊은 정情 달구벌 덮고 남아요
팔공산 갓바위서 빈
은덕으로 난 대구 사람

들숨 날숨에서 사과향이 묻어나는
남도 동쪽 아침 해가 온종일 익어가듯
속정이 고을고을로 과즙처럼 번져나요

대구 사람 아시려거든 잠깐 말고 오래 만나요
진국 중 진국인 양 그 쫀득한 맛 못 헤어나요
그러니 무뚝뚝한 편견 따윈
박물관에나 줘 버려요
―「찐, 대구 사람들」 전문

경상도 사람들을 타도 사람들은 무뚝뚝하다고 한다. 그런데 화자가 보건대 대구(옛 지명이 달구벌이었다) 사람들의 깊은 정은 넓은 달구벌 평야를 덮고도 남는다. 대구 사람들은 건강한 아이 점지나 가족의 수술 성공, 아이의 시험 합격 등을 팔공산 갓바위 앞에 가서 비는 전통 비슷한 것이 있는데 그 기원, 그 은덕으로 태어나서 그런지 마음이 넓다는 것이다. 무속을 따르는 사람만 바위 앞에 가서 비는 것이 아니라 불교도·기독교인·천주교인들까지도 가니 외국인들이 보면 기절초풍할 일이다. 큰 바위 앞에서 수많은 사람이 모여 몇 시간 동안 입을 달싹이며 싹싹 손이 닳도록 비는 풍경이라니! 이 풍경을 보고는 사과의 향도 속정이 깊듯이 고을 고을로 과즙처럼 번져간다고 했으니, 과장이 좀 심하긴 했지만 시인의 체험에서 우러난 솔직한 대구 사람 평가일 것이다. 대구 사람들을 오래 사귀면 진국 중의 진국이라는 평가가 내가 알고 있는 몇 명 대구 사람들의 인상과 겹치면서 고개를 끄덕이게 된다. 처음 한두 번 만나면 겁이 좀 나지만 사귀고 보면 찐한, 쫀득한, 대구 사람들이 읽고서 환하게 웃을 시조다.

    이번 시조집의 일부는 시인의 유년기에 대한 추억담이다. 이 시편을 쓰면서 임성구 자신은 아슴푸레한 향수에 잠기는 시간을 가졌겠지만 비슷한 추억이 있는 독자라면 시인과 함께 시간여행을 할 수 있을 것이다.

    중년의 밑동에서 눈감아 보는 밤이다
    내 國民學校 그 언덕길, 초록 꿈만 꾸던 시절

풍금을 예쁘게 쳐주시던 선생님이 계셨지
—「풍금을 그리는 밤」첫째 수

그 고장 제일 큰 동네 섬처럼 떠 있는 집
마지막 호롱불이 스산하게 흔들리는 창고
가난이 퉁퉁 불어터진 허름한 노래가 사네
—「제일 가난한 집」첫째 수

바닥에 주저앉아 우는, 오래된 아이가 있다
곯은 배 움켜쥐고 희미한 대본처럼
가슴을 반주먹으로 치면
쇠북소리가 난다
—「지나가는 비」첫째 수

 이런 시조는 임성구 시인이 해설자와 마찬가지로 경상도 보리문둥이임을 입증하는 작품이다. 같은 촌사람인 해설자의 정서와 부합하는 부분이 있어서 마음에 든다. 우리들에게는 '초등학교'보다는 '국민학교'가 익숙하다. 풍금을 예쁘게 쳐주신 선생님도 생각나고 늘 배가 고프고 가난했던 시인의 유년기의 초상이 떠올라 해설자는 가슴이 아프다. 아아, 경남 창원시 북면 동전리, 성구네 집이 참 가난했었구나.
 하지만 외로운 성구는 시인이 될 꿈을 키운다. 낮에는 일을 하고 밤에는 풀벌레 소리를 들으며 초롱불 아래서 책을 읽었을 것이다. 정완영 선생의 시조도 가슴에 와 닿았고, 시보다는 시조가 체질에 맞는 것 같았다.

> 시詩는 되지 않고 생각만 얼추 깊은 밤
> 모기 한 마리가 내 목 피를 빨아먹으며
> 죽은 듯, 있어달라고 얇고 센 말로 협박한다
>
> "이 새끼가 정말?" 하다, 그에게 지고 말았다
> 불을 켜 손바닥으로 힘센 한 놈을 족쳤지만
> 또 한 놈, 여럿 놈들에게
> 내 영혼까지 탈탈 털렸다
>
> 그날 이후 세균들이 의도적으로 쳐내는 나날
> 견디고 버텨가며 맷집을 키우는 나날
> 멍으로 치대고 치댄 빨랫감의 시詩 벌겋다
> ―「나를 의도적으로 쳐내는 밤」 전문

'모기와 싸운다는 말'을 도시 사람들은 이해하기 어려울 것이다. 모기향을 피워놓아도 끈질기게 달려드는 모기와 싸우면서 뭘 하고 있는가. 시상을 떠올리고, 초고를 쓰고, 퇴고를 하고……. "시는 되지 않고 생각만 얼추 깊은 밤"이다. 시단에 나와 보니 구설도 많고 시기도 많고 헛소문도 많다. 그 모든 것과 싸워 이기는 방법은 "견디고 버텨가며 맷집을 키우는" 수밖에 없다. 이놈의 문단이라는 데는 참으로 말도 많고 말도 안 되는 비방도 어찌 그리 많은지. 시인은 "멍으로 치대고 치댄 빨랫감의 시"가 벌겋게 되도록 쓸 수밖에 없다고 생각하고 쓰고 또 쓸 뿐이다. 여러 모기에게 뜯겨 목 여기저기가 벌겋게 부풀어 올라도 악착같이 쓰는 자를 누가 이길 것인가. 문학판의 승자는 입을 놀리는 자가 아니라 펜을 놀리는 자인 것을. 시인은 "아부지,/ 아부지요!/ 내 좀 살펴봐 주이소// 이 세상 어디든지// 살아 살아서 가 닿는// 그런 시/ 내려 주이소// 입 안 가득/ 꿈틀거리는"(「시는 활어처럼」) 하면서 마음속으로 돌아가신 아버지를 주문처럼 외쳐 부르기도 한다. 기독교인들이 힘든 일이 있을 때 "주여!" 하고 외치면서 기도를 시작하듯이 시인은 시가 잘 안 써질 때는 아버지를 마음속으로 외쳐 부르나 보다.

해설자는 지금까지 임성구 시조의 몇 가지 주된 경향을 주마간산 격으로 언급했는데 이제 형식적인 면을 다뤄볼까 한다. 사설시조가 딱 1편 있다.

　　네 집이 허술하다고 울지 좀 마라 사람아!

한 알의 내가 폐타이어 고무냄새에 익숙하다, 밤의 골목골목을 휘청거리며 돌아다닌다, 닳고 닳은 고무 수액을 젖처럼 빨아먹는다, 한 잎 싹을 틔워 뼈대를 세운다, 마디마디 골수를 뽑아 수십 수백 개 손가락 가지를 만든다, 밤마다 가장 빛나는 별에게 기도 올리며 꽃을 피운다, 분홍분홍 노래하는 천상의 여자가 이름 지어 꽃의 호적에 올려주었다, '분꽃', 그날부터 나는, 분꽃이라는 이름표를 등불처럼 가슴에 달고 산다, 맑은 밤이면, 세상 모든 슬픔을 깨끗이 지우는 노래를 부른다, 남쪽의 나팔꽃처럼 노래하고, 북쪽의 예술단처럼 춤을 춘다, 그때마다 멀리 갔던 나비와 벌이 팔랑팔랑 윙윙거리며 돌아온다. 화려한 집이 없어도, 오로지 당신 위한 웃음선물을 준비 중이다,

    그러니, 혼자 울지 마라
    웃는 나는 어쩌라고
    —「집」 전문

이 작품은 중장이 상대적으로 아주 긴, 사설시조다. 그런데 중장도 음수율을 대체로 지켜가면서 진행된다. 초장은 음수가 3, 5, 5, 3이고 종장은 3, 6, 4, 4이다. 다소 파격이라고 할 수 있다. 이 시조뿐만 아니라 임성구는 등단 초기부터 음수(字數 개념으로 봤을 때)를 철저히 지키는 이와는 달리 시조의 현대화 작업을 꾸준히 해온 시조시인이다. 하지만 자유시와 구분되지 않을 정도로 파격적이지는 않다. 다만 편편의 작품이 모양새를 고착시키지 않고 거의 다 달리 하는 제한적인 실험을 꾸준히 행하고 있다. 이런 시조는 얼핏 보면 시조가 아닌 것 같지만, 율격을 따라 읽다 보면 시조임을 알 수 있다.

깊고 깊은 잠 속에서 환영幻影을 읽는다
꽃상여 앞소리에 갈잎 한 장 떨어진다
아버지 그 강직함이 일순간,
무너지는
찰나…
—「나뭇잎 장례식」 전문

   음수를 헤아려 보자. 4, 4, 3, 3/ 3, 4, 4, 4/ 3, 8, 4, 2이다. 자유시 쪽으로 아슬아슬하게 가지 않고 시조가 되었다. 이런 아슬아슬한 재미가 위태롭지 않고 흥미진진한 것이 임성구 시조의 매력이 아닌가 한다. 「집」의 내용을 잠시 살펴본다. 주택정책은 정권마다 특단의 조처를 취하건만 현 정권의 최대 악수가 바로 주택정책이다. 워낙 국토는 좁은데 인구는 많다 보니 땅과 집은 투기의 대상이 되어 왔고 사람들은 재테크에 관심을 갖지 않을 수 없었다. 어느 문학평론가의 평론집 제목이 '집 없는 시대의 문학'이었던 것이 생각난다. 이 시조에 주목을 요하는 부분은 "남쪽의 나팔꽃처럼 노래하고, 북쪽의 예술단처럼 춤을 춘다"이다. 분꽃은 나비와 벌처럼 자유롭게 날아다니는데 한반도 남과 북 사이에는 휴전선이 놓여 있다. "네 집이 허술하다고 울지 좀 마라 사람아!"라는 구절은 우리 대한민국 사람들의 '집'에 대한 과도한 집착을 꾸짖는 것처럼 들린다. 북한사람들을 생각하자는 말로도 들린다. 제목이 '집'이니 자기네 집을 버리고 떠난 탈북민들도 생각하게 된다. 우리 모두 하나씩의 분꽃이 되어 남과 북을 자유로이 넘나들 날을 꿈꾸어 본다. 아직 짚어내지 못한 작품이 많은데 제한된 원고 분량이 거의 다 차버렸다. 제일 큰 감동을 받은 두 작품을 논하면서 해설 쓰기를 마칠까 한다. 발을 동동 구르는 마음으로.

  예순 살 K 시인이
  팔순 엄니 보내면서

  "성구야! 우리 이제, 같은 고아다 그쟈"

  명치 끝, 깊숙한 우물물
  화장장으로 흘러간다

  우물물 타고 남은 사리가 매달린 하늘
  밤마다 빛나는 위안으로 내려와서
  토닥여, 토닥여 줄 것만 같은
  한 살 때 떠난 어머니

  쉰 해 동안 달고 산 뼈가 시린 그 이름을
  두 해도 채 못 달고서 K 시인이 떠나셨다
  소주를 목넘김하는 저녁
  굵은 비가 내린다
  ―「고아」 전문

이 작품의 외양적 특징은 첫 수 중장을 따옴표를 써 얼추 자유시의 느낌을 주게 했다는 것이다. 그런데 이 작품은 외양이 자유시에 가깝다, 혹은 시조의 틀을 잘 지키고 있다는 것이 중요하지 않다. 예순 살 동료시인이 팔순 어머니를 보내고 우리 이제 다 같이 고아가 되었다고 한 말에 속뜻이 들어 있다. 이 시조의 화자는 어머니를 태어나자마자 잃었다. 임성구 시인의 작품에 깃들어 있는 알 수 없는 비애의 이유가 여기에 있었던 것이리라. "밤마다 빛나는 위안으로 내려와서/ 토닥여, 토닥여 줄 것만 같은" 어머니, 그 '어머니'라는 대명사는 "쉰 해 동안 달고 산 뼈가 시린 그 이름"이다. 이 시에 배어 있는 외로움, 쓸쓸함, 그리움, 서러움 같은 것을 해설자가 어떻게 글로 표현할 수 있으랴. "성구야! 우리 이제, 같은 고아다 그쟈"라고 말했던 예순 살 K시인도 2년이 채 안 되어 세상을 하직하고 만다. 그이 생각에 마음이 심란해져 소주를 마시는 저녁, 굵은 비가 내린다. 눈물 같은 비다. 자신을 보호할 수 있는 우산도 없이 굵은 장대비를 뚫고 세파를 헤쳐온 임성구 시인을 생각하면서 나도 소주 한 잔을 마신다. 전작 「어머니라는 이름과 아버지라는 이름 사이, 내 이름이 참으로 따뜻하게 피어 있음……」이라는 시도 감동적이었는데 이 작품은 해설자의 가슴을 아리게 한다.

    푸르게 출렁이는 오래 전 보리밭과
    망초꽃 흐드러진 강둑을 달려가는

저만치 개구리교복을 입은 한 소년이 있습니다

맑은 하늘에 쓴 몇 글자의 그 순수함
종이비행기 곱게 접어 소녀에게 날려 보내고
힘차게 페달 밟으며 쑥스러움을 숨깁니다

바짓자락에 스치는 풀꽃들의 붉은 입들
몽정 같은 이야기 꺼내 깔깔깔 놀려대던
회상의 저녁 풍경이 단풍 물로 번집니다
―「자전거 탄 풍경 속으로」 전문

 어느덧 사춘기를 맞이한 성구 소년은 그리움의 대상이 부모님에서 소녀로 바뀐다. 자전거 탄 풍경 속에는 서툴게 쓴 시가 있고 소녀가 있고 부끄러운 소년이 있다. 소년은 아마도 스스로 세상의 파도를 헤치며 성인이 되었고 오늘에 이르렀을 것이다. 하지만 그날의 그 순수한 마음을 지우지 않고 간직해 왔기에 시인이 된 것이 아닐까. 이 작품은 성장통을 아름답게 그린 가편이다. 하지만 과거지사는 추억의 책갈피에 묻어버리고 이제 회상의 풍경 속에서 빠져나와야 한다. 시인의 시각이 계속 과거로 향하면 지금-이곳이 소홀히 다뤄질 수 있으므로.
 1994년, 『현대시조』로 등단한 임성구 시조시인은 이제 다섯 번째 시조집을 내려고 한다. (시조선집이 1권 있었다.) 5년 반 만에 1권씩 냈다고 볼 수 있다. 적게 낸 것도 아니고 많이 낸 것도 아니지만 이번 시조집 간행을 계기로 더욱더 활발하게 활동을 전개하기 바란다. 이제는 시적 대상에 대해 조심스럽게 접근할 것이 아니라 아주 활기차게, 적극적으로 다가가 악수를 청하기를 바란다. 작품을 보다 보면 시인의 성품이 너무 얌전하여 답답할 때가 가끔 있다. 대상에 대한 소극적인 접근 자세를 버리고서 때로는 과감하게, 때로는 과격하게 쓰는 것은 어떨까. 물론 매번 그러면 안 되겠지만.

이제부터는 시조의 형식적 실험이 아니라 내용의 현대화를 모색하기를 바란다. 시인이 몸담고 사는 곳은 도시인데 정서는 여전히 산간벽지에 머물러 있으면 정말로 촌사람이 된다. 시인은 매일 스마트폰을 만지며 살고 있고 원고지가 아닌 컴퓨터에 글을 쓰고 있을 것이다. 즉, 현대인이다. 제4차 산업혁명을 운위하던 것도 예전의 일이요 알파고가 이세돌을 이긴 것도 5년 전 일이다. 몸은 도시에 살고 있으면서 시조의 소재가 늘 '촌'이어서 촌사람이란 말을 들으면 안 된다. 마음도 몸도 이제는 촌사람이 아닌 것이다. 지금까지는 촌스런 노래가 아름다웠지만 이제부터는 최첨단 물질문명 사회에서 현대시조의 존립에 대해 고민해야 할 터이다. 하늘에는 드론이 날아다니고 집집이 로봇이 있고 자율주행 자동차가 거리를 누비게 될 텐데 화무십일홍이라고 눈물짓고 있을 수만은 없다. 인공지능이 작곡도 하고 그림도 그리고 소설까지 쓰고 있다지만 아직 시는 제대로 쓴 것이 없다고 한다. 시는 공식이 없기 때문이다.

　임성구 시인이 이제는 한국의 시조시단을 이끌고 갈 큰 재목으로 성장하기를 바란다. 또 하나의 바람은 초·중·종장 3행으로 된 단형시조에서 탁월한 작품이 많이 나왔으면 하는 것이다. 시조의 정수는 역시 단형시조다. 그와 함께 2수, 3수, 4수, 5수 등 다양한 길이의 시조도 썼으면 좋겠다. 많이 쓰시고 새롭게 써야 좋은 시조가 나오는 법이다. 그러므로 이번 시조집은 우리가 누리는 최첨단 세계로 가는 전환점의 이정표 같은 것이 아닐까 싶다. 그래서 다음번 시조집을 지금부터 기다리게 되는 것이려니.